Trois autres histoires de Billy
à l'école des loisirs :

Haut les pattes !

Le bison

Cheval fou

ISBN 978-2-211-22471-0

Loi numéro 49 956 du 16 juillet 1949 sur les publications
destinées à la jeunesse : septembre 2014
Dépôt légal : mars 2016
Imprimé en France par Pollina à Luçon - L74739

Édition spéciale non commercialisée en librairie

Catharina Valckx

La fête de Billy

l'école des loisirs
11, rue de Sèvres, Paris 6e

« Papa », dit Billy un matin, « c'est mon anniversaire aujourd'hui. »
« Ah oui, c'est vrai ça ! » dit son père. « Qu'est-ce qui te ferait plaisir, mon garçon, pour ton anniversaire ? »
« Des noisettes », dit Billy.
« Bien sûr, des noisettes ! Mais tu ne veux rien d'autre ? »
Billy réfléchit.
« Je voudrais des noisettes et… une fête. Une fête déguisée. »
« Ah ! Un bal costumé ! » s'écrie son père. « Bonne idée.
C'est toujours drôle, les bals costumés. On adore ça, nous, les hamsters.
Va vite inviter tes amis, Billy, je m'occupe de tout le reste. »

Billy file chez son ami Jean-Claude, le ver de terre.
« Jean-Claude, je fais une fête ce soir ! »
« C'est vrai ? Chouette ! » dit Jean-Claude.
« Tu viens avec moi inviter tout le monde ? »
« Ah, non. Je ne peux pas », dit Jean-Claude.
« Je dois garder mon petit frère. »

Billy ouvre des yeux ronds.
« Ton petit frère ?? Je ne savais pas que tu avais un petit frère !! »
« C'est que je ne l'ai pas depuis très longtemps », dit Jean-Claude,
« il est encore tout petit. »
« Il n'a qu'à venir avec nous », propose Billy.
« Euh… oui, pourquoi pas », dit Jean-Claude. « Je vais le chercher. »

«Comment tu t'appelles ?» demande Billy.
«Dié», dit le petit frère.

« Il s'appelle Didier », dit Jean-Claude. « Et tu vois, Didier, lui c'est mon ami Billy. Essaie de dire BI-LY. »
« I-ly », répète Didier avec un tout petit grand sourire.

Pour commencer, ils invitent Josette, la souris.
« Tout le monde va venir déguisé », précise Billy.

« Déguisé ? Tu ne m'avais pas dit ça ! » s'exclame Jean-Claude.
« Il faut que je rentre préparer mon déguisement ! »
« Mais non, tu auras encore bien le temps tout à l'heure », dit Billy.
« Alors, tu viendras ce soir, Josette ? »
« Avec plaisir », dit Josette, toute contente.

Ensuite, Billy invite le bison.
« C'est un bal costumé », dit Billy.
« C'est quoi, un bal costumé ? » demande le bison de sa grosse voix.
« Ça veut dire que tu dois venir déguisé en pirate ou en sandwich ou en n'importe-ce-que-tu-veux », explique Billy.
« Ah oui, d'accord », dit le bison.

Billy et Jean-Claude reprennent leur tournée d’invitation quand soudain Jean-Claude se met à hurler :
«Mon petit frère !! Où est passé mon petit frère !!?»
Didier n’est plus avec eux.

Comme une flèche, Jean-Claude retourne sur ses pas.
Fou d'inquiétude, il cherche son petit frère partout.
« Didier ! Didiii !! »
« Où peut-il bien être passé ? » se demande Billy.
C'est alors qu'il remarque une maison dans un arbre.
Ouille. C'est la maison de Jack, le vautour.
C'est peut-être lui qui a attrapé Didier.
Sans attendre, Billy grimpe dans l'arbre.
Il pousse la porte de la maison, le cœur battant.

« I-ly ! » s'écrie Didier en le voyant.
« Rends-moi Didier, Jack ! » gronde Billy, d'une voix sévère.
« C'est le petit frère de Jean-Claude. »
« Je m'en fiche », dit Jack. « Aujourd'hui, c'est mon anniversaire, et pour une fois, je ne veux pas le fêter tout seul. »

« Ça alors », dit Billy, « c'est drôle, moi aussi c'est mon anniversaire. »
« Ah bon », grogne Jack.
« Oui. Et… si tu me rends Didier, je t'invite à ma fête. »
« Je n'aime pas les fêtes », ronchonne le vieux vautour.
« Je suis trop moche. Personne ne veut danser avec moi. »
« Ah, mais ça tombe bien », dit Billy, « c'est un bal costumé !
Si tu es bien déguisé, personne ne verra que c'est toi ! »
« Je pourrais essayer… » dit Jack, hésitant.
« Bien sûr », dit Billy. « À ce soir, alors. Viens, Didier,
on va vite retrouver ton frère. »

Jean-Claude est si heureux de revoir
son petit frère bien vivant qu'il en pleure.
« Il vaut mieux que je le ramène à la maison », dit-il.
« De toute façon, il faut qu'il fasse sa sieste. »
« Monte sur mon dos, Billy », dit le bison. « Je vais t'aider
pour le reste des invitations. Ça va être vite fait, tu vas voir. »

Le soir venu, tout est prêt pour la fête.
Le père de Billy a grillé une montagne de noisettes
et Billy vient de finir son costume de chat.
Il s'exerce à miauler en attendant les invités.

Voilà Jean-Claude !
Jean-Claude est magnifique.
Tout peint en bleu, il s'est déguisé en rivière.

« Didier voulait absolument venir aussi »,
dit Jean-Claude. « Et, bon, comme je n'avais plus
beaucoup de temps, je l'ai déguisé en crotte. »
« Dié caca ! » dit Didier, très fier.

Les invités arrivent les uns après les autres…
Ah ! le bison fait son entrée.
« Tu es déguisé en quoi ? » lui demande Billy.
« Ben, en buisson », répond le bison. « Ça se voit pas ? »

La fête bat son plein. Tout le monde danse et s'amuse.
Mais soudain un cri retentit dans la nuit.
« Mon petit frère !! Où est passé mon petit frère ?? »
C'est la rivière qui a perdu la petite crotte.
« Pas de panique », dit Billy. « On va le retrouver,
il est forcément quelque part. »

Jean-Claude et Billy cherchent partout,
et ouf ! enfin ils finissent par retrouver Didier.
« Regarde comme il est bien ! » dit Jean-Claude,
terriblement soulagé. « C'est qui, ce gentil fantôme ? »

«Je vais te le dire à l'oreille», dit Billy.
«Personne ne doit savoir qui c'est.»

«Je mangerais bien une noisette, pour me remettre
de mes émotions», dit Jean-Claude.
«Moi aussi», dit Billy. «Viens, on va s'asseoir là.»
Les amis regardent le ciel majestueux au-dessus de leurs têtes.
«Toutes les étoiles sont venues voir ma fête», dit Billy.
«Forchément», dit Jean-Claude, la bouche pleine.
«Ché le meilleur anniverchaire du meilleur hamchter de la terre.»